実践経営哲学

松下幸之助

PHP文庫

○本表紙図柄＝ロゼッタ・ストーン（大英博物館蔵）
○本表紙デザイン＋紋章＝上田晃郷

まえがき

私がささやかな姿で事業を始めてから、ちょうど六十年になります。六十年というと、人間であればいわゆる還暦、本卦帰《ほんけがえ》りになります。生来病弱であった私が、この年までそれなりにやってこられたということはまことに望外の喜びです。そしてこの六十年の間に、当初わずか三人で出発したものが、世の多くの方々のお引立てを得て、今日、関係会社を含めると十万人を超えるまでにいたりました。成功といえば非常な成功ですが、私にとってはこれまた思いもよらなかったことで、ただただ感謝あるのみというのが偽りのない心境です。

本書は、そうした私の六十年の事業体験を通じて培い、実践してきた経営についての基本の考え方、いわゆる経営理念、経営哲学をまとめたものです。経営理念、経営哲学というと、いささかいかめしい感じもしないではありませんが、もとよりこれは学問的に研究したというものでもありませんし、体系的に整備されたものでもありません。あくまで実践的なものであり、私は経営というものは、このような基本の考えに立って行うならば、必ず成功するものだと体験的に感じているのです。

その意味から、会社がちょうど六十周年という本卦帰りの年を迎え、いわば新たに第二の出発をしようというこの際に、こうした私の経営に対する見方、考え方をまとめて、ご参考に供することもそれなりによいことではないかと考えて発刊するものであり、ご高覧いただければ幸いです。

昭和五十三年六月

松下幸之助

実践経営哲学

目次

カット　長縄士郎

実践経営哲学

まず経営理念を確立すること

私は六十年にわたって事業経営に携わってきた。そして、その体験を通じて感じるのは経営理念というものの大切さである。いいかえれば〝この会社は何のために存在しているのか。この経営をどういう目的で、またどのようなやり方で行なっていくのか〟という点について、しっかりとした基本の考え方をもつということである。

事業経営においては、たとえば技術力も大事、販売力も大事、資金力も大事、また人も大事といったように大切なものは個々にはいろいろあるが、いちばん根本になるのは、正しい経営理念である。それが根底にあってこそ、人も技術も資金もはじめて真に生かされてくるし、また一面それらはそうした正しい経営理念のあるところから生まれてきやすいともいえる。

だから経営の健全な発展を生むためには、まずこの経営理念をもつということから始めなくてはならない。そういうことを私は自分の六十年の体験を通じて、身をもって実感してきているのである。

しかし実をいえば、私自身事業を始めた当初から明確な経営理念をもって仕事をしてきたというわけではない。私の仕事はもともと家内と義弟の三人で、いわば食べんがために、ごくささやかな姿で始めたことでもあり、当初のあいだは経営理念というようなものについては、何らの考えもなかったといってもいい。もちろん、商売をやる以上、それに成功するためにはどうしたらいいかをあれこれ考えるということは当然あった。ただそれは当時の世間の常識というか、商売の通念に従って、〝いいものをつくらなくてはいけない。勉強しなくてはいけない。得意先を大事にしなくてはいけない。仕入先にも感謝しなくてはならない〟というようなことを考え、それを懸命に行うという姿であった。

そういう姿で商売もある程度発展し、それにつれて人もだんだん多くなってきた。そして、そのときに、私は〝そういう通念的なことだけではいけないのではないか〟ということを考えるようになったのである。

つまり、そのように商売の通念、社会の常識に従って一生懸命努力することはそれはそれできわめて大切であり、立派なことではあるけれども、それだけでなく、何のためにこの事業を行うかという、もっと高い〝生産者の使命〟というものがあるのではないかと考えたわけである。

そこで私なりに考えたその使命というものについて、従業員に発表し、以来、それを会社の経営基本方針として事業を営んできたのである。

それはまだ戦前の昭和七年のことであったけれども、そのように一つの経営理念というものを明確にもった結果、私自身、それ以前に比べて非常に信念的に強固なものができてきた。そして従業員に対しても、また得意先に対しても、言うべきことを言い、なすべきことをなすという力強い経営ができるようになった。また、従業員も私の発表を聞いて非常に感激し、いわば使命感に燃えて仕事に取り組むという姿が生まれてきた。一言にしていえば、経営に魂が入ったといってもいいような状態になったわけである。そして、それからは、われながら驚くほど事業は急速に発展したのである。

不幸にして、その後戦争が始まり、そして敗戦となって、戦後の混乱の中で会社経営は著しく困難に陥ったけれども、そうした困難の中で支えになったのは、その生産人としての使命感であり、何のためにこの経営を行なっていくのかという会社の経営理念であったと思う。

そうした会社の経営理念というものは、戦前、戦後を通じて基本的にはいささかも変わっていないといってよい。それにもとづく具体的な経営活動はその時々で変わっているけれども、経営理念は不変である。一貫して同じ一つの経営理念に立って経営を行なって、幸いにしてそれが世間の支持を受け、今日の姿に経営を発展させてくることができた。

また、戦後においては、海外において経営を展開する機会も多くなってきた。そういう場合でも、経営の基本理念は日本におけるものと基本的には変わりはない。

もちろん、適用の仕方というか、具体的な経営については、その国その国の実情によって、それぞれに異なっているけれども、根本となる経営理念は一つである。そして、そういう姿において経営を展開していって、必ずそれはそれらの国々において受け入れられ、それなりの成果があがっているのである。

そういうものが私自身の経験であるが、このことは私の場合だけでなく、あらゆる経営についていえることである。

今日の社会には大小たくさんの企業がある。小は個人商店から大は何万人もの人を擁する大企業もある。またふつう、経営というと企業の経営だけがそうみなされるようだが、さらに考えれば、経営には、単にそうした企業の経営だけでなく、お互い個々人の人生経営、あるいはいろいろな団体の経営、さらには一国の国家経営というものまであるといえよう。

そうしたあらゆる経営について、〝この経営を何のために行うか、そしてそれをいかに行なっていくのか〟という基本の考え方、すなわち経営理念というものがきわめて大切なのである。

国家に、〝この国をどのような方向に進めていくか〟という経営理念があれば、各界各層の国民も、それにもとづいて個人として、また組織、団体としての進み方を適切に定めやすく、そこから力強い活動も生まれてくる。また他国との関係にしても、しっかりした方針のもとに主張すべきは主張しつつ、適正な協調を生み出していきやすい。

ところがそういう経営理念がないと、国民の活動もよりどころが見出せず、バラバラになりがちになり、また他国との関係も場当たり的になって、相手の動きによって右往左往するといった姿になってしまう。

したがって、一国の安定発展のためには、国家経営の理念をもつということが何にもまして大切なわけである。

企業経営においてもそれと同じことで、正しい経営理念があってこそ、企業の健全な発展もあるといえる。

刻々に変化する社会情勢の中で、次々と起こってくるいろいろな問題に誤りなく適正に対処していく上で基本のよりどころとなるのは、その企業の経営理念である。また、大勢の従業員を擁して、その心と力を合わせた力強い活動を生み出していく基盤となるのも、やはり経営理念である。

だから経営にあたっては、単なる利害であるとか、事業の拡張とかいったことだけを考えていたのではいけない。やはり根底に正しい経営理念がなくてはならない。

そして、その経営理念というものは、何が正しいかという、一つの人生観、社会観、世界観に深く根ざしたものでなくてはならないだろう。そういうところから生まれてくるものであってこそ、真に正しい経営理念たり得るのである。

だから経営者たる人は、そのようなみずからの人生観、社会観、世界観というものを常日ごろから涵養《かんよう》していくことがきわめて大切だといえる。

さらにいえば、正しい人生観、社会観、世界観というものは、真理というか、社会の理法、自然の摂理にかなったものでなくてはならない。もし、それに反するようであれば、これは真に正しい人生観、社会観、世界観とはいえないし、そこから生まれてくる経営理念も適切さを欠くということになってしまう。

結局、ほんとうの経営理念の出発点というものは、そうした社会の理法、自然の摂理というところにあるのである。そこから芽生えてくる経営理念というものは、その活用の仕方にはその時々の情勢によって多少の変化はあるであろうが、その基本においては永遠不変といっていいと思う。

いいかえれば、人間の本質なり自然の摂理に照らして何が正しいかということに立脚した経営理念というものは、昔も今も将来も、また日本においても外国においても通じるものがある。私は自分の体験からそのように考えているのである。

そういうことで、自然の摂理とか真理というものに思いをいたしつつ、何が正しいかという人生観、社会観、世界観に立った経営理念をもち、それに基礎をおいて、時々刻々の経営を行なっていくことがきわめて大切だと考えるのである。

ことごとく生成発展と考えること

正しい経営理念というものは、単に経営者個人の主観的なものでなく、その根底に自然の理法、社会の理法といったものがなくてはならない。それでは、その自然の理法、社会の理法とはどういうものだろうか。これは非常に広大というか深遠というか、人知をもって究め尽くすことはむずかしいといってもいいものであろう。しかし、あえていうならば、私は限りない生成発展ということがその基本になるのではないかと思う。

この大自然、大宇宙は無限の過去から無限の未来にわたって絶えざる生成発展を続けているのであり、その中にあって、人間社会、人間の共同生活も物心両面にわたって限りなく発展していくものだと思うのである。

そういう生成発展という理法が、この宇宙、この社会の中に働いている。その中でわれわれは事業経営を行なっている。そういうことを考え、そのことに基礎をおいて私自身の経営理念を生み出してきているわけである。

たとえば、資源の枯渇ということがいわれている。もう何十年かしたら資源がなくなってしまう、そうなると人間は生きていかれなくなってしまうというような極端な考え方もある。

しかし、私は基本的にはそうは考えないのである。確かに、個々の資源というものをとってみれば、有限であり、使っていくうちになくなるものも出てくるだろう。けれども、それにかわるものは人知によって必ず生み出し、あるいは見出すことができると考えるのである。現に人間は過去の歴史において、そういうことをしてきている。昔に比べて、はるかに人口も増えているけれども、人口の少なかった昔の生活はずっと貧困であり、今日では一般庶民でも、ある面では昔の王侯貴族も及ばないような生活をしている。

それは、そういうことができるように、この大自然がなっているのであり、また人間がそのようにつくられているからであろう。いいかえれば、限りない生成発展ということが、自然の理法、社会の理法として厳として働いているからである。

もし、資源があと何十年かで枯渇し、人間生活もきわめて貧困になってくるというのであれば、お互いの事業経営も、それに相応したものにならざるを得ない。新たな投資とか、そういうことはもちろん必要がなくなるし、場合によっては、事業そのものも縮小するなり、やめるということにもなりかねない。

しかし、宇宙に存在する万物は日に新たに、限りなく生成発展を続けていくという考えに立つならば、おのずとそれとは違ってくる。成長、発展のテンポというものには、その時々で違いはあろうけれども、この人間の共同生活は限りなく生成発展していくものだということになれば、それに応じた物資なりサービスなりの供給も時とともに増加させていくことが求められてくる。そうでなくては生成発展にならない。だから企業経営としても、原則としては次々と新たな開発、新たな投資を行なっていくことが必要になってくるわけである。

もちろん、生成発展ということは、一方で絶えず新しいものが生まれているということであるから、その一方で衰退というか、消滅していくものもあるわけである。そういうすべてを含んで、全体として生成発展しているということである。事業経営においても、個々の商品なり業種については、一定の寿命というようなものが考えられよう。けれどもそれだけを見て、全体としての大きな生成発展ということを見失ってはいけない。

やはり、この人間の共同生活、さらにはそれを包含する大自然、大宇宙は絶えず生成発展しており、その中でわれわれは事業活動を営んでいるのだという基本の認識は、どんな場合でもきわめて大切である。そういう明確な認識が根底にあってこそ、いかなる場合においても真に力強い経営を展開していくことが可能になるのである。

人間観をもつこと

経営は人間が行うものである。経営の衝にあたる経営者自身も人間であるし、従業員も人間、顧客やあらゆる関係先もすべて人間である。つまり、経営というものは、人間が相寄って、人間の幸せのために行う活動だといえる。

したがって、その経営を適切に行なっていくためには、人間とはいかなるものか、どういう特質をもっているのかということを正しく把握しなくてはならない。いいかえれば、人間観というものをもたなくてはならないということである。だから、正しい経営理念というものはそういう人間観に立脚したものでなくてはならないといえる。

そのことは単に企業経営だけでなく、人生経営、国家経営などあらゆる経営、さらにはおよそ人間が行ういっさいの活動についていえることである。

人間がみずからの何たるかを的確に知らないというのでは、その活動も真に適正なものたり得ない。たとえていえば、人間は牛や馬をはじめ、いろいろな動物を飼育している。その場合、それらを最も適切に飼育しようと思えば、まず牛なら牛の特質、馬なら馬の特質を的確に認識しておかなくてはならない。どのような食物を好むか、どういう習性をもっているかなど、その動物の特質を知ってはじめてよき飼育が可能になるのである。

人間の場合も、人間固有の天与の特質というものがある。ただ人間については、他の何者かによって飼われているわけではなく、人間自身の手によってお互いの共同生活を運営しているのである。だから、人間の共同生活を好ましい姿で維持、向上させていくためには、人間が人間自身の本質を正しく把握すること、すなわち人間観をもつことがきわめて大切なのである。

私自身の経営理念の根底にも、私なりの人間観というものがある。それは一言にしていえば、人間は万物の王者ともいうべき偉大にして崇高な存在であるということである。生成発展という自然の理法に従って、人間みずからを生かし、また万物を活用しつつ、共同生活を限りなく発展させていくことができる。そういう天与の本質をもっているのが人間だと考えるのである。

人間については過去いろいろな見方がされてきている。一方では〝万物の霊長〟として、強く偉大なものであるとする見方もあれば、他方には卑小化させたような見方もある。それは現実の人間の姿が、さまざまな様相を呈しているところからくるものであろう。今日のような高度な文明、文化を築きあげてきたのも人間なら、同時に悩み、争い、不幸などを絶えずみずから生み出してきたのもまた、過去現在における人間の一面である。

だから、西欧においては、人間は神と動物の中間に位するものであるということもいわれている。神のごときという面もあれば、動物にも劣るといった面もあわせもっているのが人間であるというわけである。

私は人間が現実にそういう姿を呈していることを否定するものではもちろんない。比喩《ひゆ》的にいえば、神にも動物にも向かい得るという面を内にもっているのが人間であろう。しかし、そうしたいろいろな面をもった人間というものを総合的に見るとき、人間は万物の王者としての偉大な本質をもっていると考えるのである。

万物の王者というような表現は、あるいは不遜《ふそん》に響くかもしれない。しかし、私が考える王者というものは、一方においてすべてを支配、活用する権能を有すると同時に、いつくしみと公正な心をもっていっさいを生かしていく責務をもあわせ負うものである。〝人間は王者である〟という意味はまさにそこにあるのであって、決して、単なる自己の欲望や感情などによって恣意《しい》的に万物を支配するということではない。

そのような人間の天与の偉大さと、それに伴う王者としての責務を人間みずからが自覚し、それを実践していくことが大切なのである。そのときに人間は、不幸や悩み、争いや貧困に明け暮れるという姿から逐次脱し、偉大で崇高なその本質がより多く顕現されてくるであろう。

いま、この〝人間〟をかりにお互いの立場なり仕事におき換えてみればどういうことになるか。

経営者であれば、経営者はその経営体における〝王者〟である。そこにおけるいっさいの人、物、資金などを意のままに動かす権限を与えられているのが経営者である。しかし同時に彼は、それらの人、物、資金すべてに対し、愛情と公正さ、また十分な配慮をもって、それぞれが最も生かされるような用い方をし、その経営体を限りなく発展させていく責務を負っているのである。

もし、経営者にそうした経営体における王者としての権限と責務に対する自覚が欠けていたら、その経営は決して十分な成果をあげることはできないのである。

人間は生成発展という自然の理法に従って、人間自身の、また万物との共同生活を限りなく発展させていく権能と責務を与えられている万物の王者である。そのことの自覚、すなわち人間自身による人間観の確立を根底に、個々の経営体における経営者としての自覚をもつ、そういうところから、確固たる信念に裏打ちされた力強い経営が生まれてくるのである。

使命を正しく認識すること

限りない生成発展ということが、自然の理法であり、社会の理法である。このことは、見方を変えていえば、お互い人間は、そうした限りない生成発展を願い求めているということである。

つまり衣食住をはじめとして、みずからの生活を物心ともに、より豊かで快適なものにしたいということを絶えず願っているのが、お互い人間の一般の姿である。その内容は人により時代によってさまざまであっても、よりよい生活を求めないという人はほとんどいないといっていい。

そのような人々の生活文化の維持、向上という願いにこたえ、それを満たしていくところに、事業経営の根本の役割というか使命があると考えられる。たとえば、人々が快適な家に住みたいと思っても、そうした住宅の生産供給がなくては、その望みはかなわない。さらには、そのための各種の資材の生産供給というものも必要になってくる。そうした生産供給の仕事を、お互いが事業経営を通じて行なっているわけである。

住宅に限らず、あらゆる生活物資、さらにはサービスとか情報といった無形のものを含めて、人々の生活に役立つ品質のすぐれたものを次々と開発し、それを適正な価格で、過不足なく十分に供給するというところに、事業経営の、また企業の本来の使命がある。いいかえれば、そういうところに〝企業はなぜ必要か〟という企業の存在意義があるわけである。

供給する物資なりサービスの内容は業種によりさまざまであっても、そのように事業活動を通じて、人々の共同生活の向上に貢献するということはあらゆる企業に通ずるものである。この根本の使命を見忘れた事業経営は真に力強いものとはなり得ない。

一般に、企業の目的は利益の追求にあるとする見方がある。利益についての考え方は別のところで述べるが、確かに利益というものは、健全な事業活動を行なっていく上で欠かすことのできない大切なものである。

しかし、それ自体が究極の目的かというと、そうではない。根本は、その事業を通じて共同生活の向上をはかるというところにあるのであって、その根本の使命をよりよく遂行していく上で、利益というものが大切になってくるのであり、そこのところを取り違えてはならない。

そういう意味において、事業経営というものは本質的には私の事ではなく、公事であり、企業は社会の公器なのである。

もちろん、かたちの上というか法律的にはいわゆる私企業であり、なかには個人企業というものもある。けれども、その仕事なり事業の内容というものは、すべて社会につながっているのであり、公のものなのである。

だから、たとえ個人企業であろうと、その企業のあり方については、私の立場、私の都合で物事を考えてはいけない。常に、そのことが人々の共同生活にどのような影響を及ぼすか、プラスになるかマイナスになるかという観点から、ものを考え、判断しなくてはならない。

私自身は、自分の会社の活動が社会の人々にとってプラスになっているかどうかということを常に自問自答してきた。〝この会社がなくなったら、社会に何らかのマイナスをもたらすだろうか。もし、何らのマイナスにならない、いいかえれば、会社の存在が社会のプラスにならないのであれば解散してしまったほうがいい。もちろん、従業員なり、会社に関係する人は困るだろうが、それは仕方がない。多数の人を擁する公の生産機関として社会に何らのプラスにもならないということは許されない〟そのように自分でも考え、また折にふれそういうことを従業員にも訴えてきた。

実際そのとおりなのである。共同生活の向上に貢献するという使命をもった、社会の公器として事業経営を行なっている企業が、その活動から何らの成果も生み出さないということは許されない。そういう使命を現実に果たしていって、はじめてその企業の存在価値があるのである。

〝企業の社会的責任〟ということがいわれるが、その内容はその時々の社会情勢に応じて多岐にわたるとしても、基本の社会的責任というのは、どういう時代にあっても、この本来の事業を通じて共同生活の向上に貢献するということだといえよう。

こうした使命観というものを根底に、いっさいの事業活動が営まれることがきわめて大切なのである。

自然の理法に従うこと

経営というものはまことにむずかしい。いろいろな問題がつぎからつぎへと起こってきて、それに的確に対処していかなくてはならない。考えるべきこと、なすべきことがいろいろあり、それを過たないということは、確かに容易なことではない。しかしまた、考えようによっては、経営はきわめてやさしいともいえる。というのは、それは本来成功するようにできていると考えられるからである。

私は自分の経営の秘訣《ひけつ》というようなことについて質問を受けること

があるが、そういうときに「別にこれといったものはないが、強いていえば、〝天地自然の理法〟に従って仕事をしていることだ」という意味のことを答える場合がある。

天地自然の理法に従った経営などというと、いかにもむずかしそうだが、たとえていえば、雨が降れば傘をさすというようなことである。雨が降ってきたら傘をさすというのはだれでもやっているきわめて当然なことである。もしも、雨が降ってきても傘をささなければ、ぬれてしまう。これまた当然のことである。

そのように当然のことを当然にやっていくというのが私の経営についての行き方、考え方である。もっとも、雨が降れば傘をさすというのはだれでも分かることだが、これが経営とか商売になると、いささか分かりにくくなってくる。

分かりやすい例でいえば、百円の原価のものを百十円で売るということである。百円のものを百円で売れば、利益がないから商売にならない。だから、百円の原価のものは百十円で売る。あるいは百二十円が社会的に見て適正、妥当な値段だと考えられる場合には、百二十円で売るということになる。それが天地自然の理にかなった経営の行き方である。

さらにいえば、それを売るだけではいけない。売ったならば、必ず代金をもらわなければいけない。集金をしなければならない。これまた当然のことである。

そのように、私のいう〝天地自然の理に従った経営〟というのは、当然なすべきことをなすということである。それに尽きるといってもいいかもしれない。その、なすべきことをキチンとなしていれば、経営というものは必ずうまくいくものである。その意味では、経営はきわめて簡単なのである。

いい製品をつくって、それを適正な利益を取って販売し、集金を厳格にやる。そういうことをそのとおりやればいいわけである。

ところが実際の経営となると、そのとおりやらない場合も出てくる。いい製品をつくらないというのは論外としても、宣伝のためとかいろいろ理屈をつけて、百円のものを九十円で売るようなことをする。自分も損をし、他人にも迷惑をかける。

あるいは、適正な値段で売っても、集金を怠る。それで、物は売れても代金が入らず、黒字倒産するというような結果を生んでいる。そういう例が世間には実際少なくない。要するに、なすべきことをなしていない姿であり、それはすなわち、天地自然の理に反した姿である。経営の失敗というのは、すべてそういうところから出ているといってもいいいであろう。

私自身についていいえば、そういう点で、なすべきことをなし、なすべからざることをしないようにということを心がけて、ずっと仕事をしてきた。時として判断を誤って、なすべきことをしなかったり、なすべきでないことをしたりしたこともあった。しかし、心がまえとしては、なすべきをなし、なすべからざることをしないということに極力、努めてきたつもりである。

限りなき生成発展というのが、この大自然の理法なのである。だから、それに従った行き方というのは、おのずと生成発展の道だといえよう。それを人間の小さな知恵、才覚だけで考えてやったのでは、かえって自然の理にもとり、失敗してしまう。大いに知恵を働かせ、才覚を生かすことも一面きわめて大切であるが、やはり根本は人知を超えた大きな天地自然の理に従って経営をしていくということでなくてはならないのである。

利益は報酬であること

企業の利益というと、それをなにか好ましくないもののように考える傾向が一部にある。しかし、そういう考え方は正しくない。もちろん、利益追求をもって企業の至上の目的と考えて、そのために本来の使命を見忘れ、目的のためには手段を選ばないというような姿があれば、それは許されないことである。

けれども、その事業を通じて社会に貢献するという使命と適正な利益というものは決して相反するものではない。そうでなく、その使命を遂行し、社会に貢献した報酬として社会から与えられるのが適正利益だと考えられるのである。

それはこういうことである。人々が物をある価格で買うのは、その品物にその価格以上の価値を認めるからである。たとえば百円の価格の物なら百十円なり、百二十円の価値を認めるから、百円の代金を支払って買うのであって、八十円なり九十円の価値しかない物に百円出すということは、特別な事情でもあればともかく、原則としてはしないものである。

それを逆に物を供給している側から見れば、百十円なり百二十円の価値のある品物を百円で売るわけで、そこに奉仕ともいうべきものがあるといえる。その奉仕に対する報酬として利益が与えられるのである。

百二十円の価値のある製品をいろいろ努力して九十円の原価でつくり、それを百円で供給する。そういう努力、奉仕に対する報酬がこの場合、十円の利益として買い手から与えられるということである。

だから、その企業が供給する物資なりサービスの中に含まれているそうした努力、奉仕が多ければ多いほど、需要者や、社会に対する貢献の度合も大きく、したがってまたその報酬としての利益も多いというのが原則だといえる。それなりの奉仕や努力を伴わないいわゆる暴利というものも世間にはないわけではないが、それはあくまで例外であって、本質的には利益というものは企業の使命達成に対する報酬としてこれを見なくてはならない。だから、利益なき経営はそれだけ社会に対する貢献が少なく、その本来の使命を果たし得ていないという見方もできるといえよう。

同時にまた、別の面から見ても、利益なき経営は企業の社会的責任に反する姿だといえる。いいかえれば、企業にとって、その事業を通じて社会に貢献するという使命を果たしていくと同時に、そこから適正な利益をあげること自体がきわめて大切なことなのである。それは、その企業の利益というものがどのようなかたちで使われているかを考えてみれば、すぐ分かることである。

今日、企業の利益の約半分は、法人税なり各種の地方税として国または地方自治体に納めることになっている。その額は法人税の場合、国家の税収の約三分の一にも達するのである。さらに、この税金を引いた残りの少なくとも二〇〜三〇パーセントは株主への配当として支払われるが、それに対しても税金がかかる。その税率を平均五〇パーセントとしても、利益の一〇〜一五パーセントになる。結局、利益の七〇パーセント近くが税金として納められると考えられる。それだけの税収があってはじめて、教育なり福祉なり、あるいはいろいろな社会施設の整備、拡充といったような国や自治体の施策が可能になってくるのである。

だから、もし利益は好ましくないということで、すべての企業が利益をあげなかったらどういうことが起こるか。いうまでもなく、国や自治体の税収がそれだけ減って、結局、国民全体が困ることになるわけである。

現実に、ひとたび不況になって赤字とか減益の企業が続出すれば、その結果、政府も自治体も財政が赤字傾向となり、いろいろ問題が起こってくる。それはお互いの体験が明白に教えるところであろう。もし、すべての企業が常に適正な利益をあげていくならば、場合によっては税率を下げても財政は安定し、国民の福祉や各種の社会施設も着実に拡充されていくであろう。

そういうことを考えてみると、企業の利益というのはきわめて大切なものであることが分かる。だから企業は、どのような社会情勢の中にあっても、その本来の使命の遂行に誠実に努力していくと同時に、その活動の中から適正な利益をあげ、それを税金として国家、社会に還元していくことに努めなければならないのである。それは企業にとっての大きな責務だといえよう。

一般に世間では、赤字を出したというような場合、同情されるような傾向がある。これも人情としては分からないでもないが、しかしこのような見方からすれば、それはおかしいということになる。適正な利益をあげ、それを国家、社会に還元することが、企業にとっての社会的な義務である以上、赤字を出すことは、その義務を果たし得ていない姿であり、本来それは許されないことではなかろうか。だから、同情的に見るのも人情のしからしむるところかもしれないが、やはり、赤字を出すことは基本的にはよくないことであり、企業の社会的責任を果たし得ていない姿だという認識を自他ともにしっかりもたなくてはならない。

そうした国家、社会への還元とともに、税金を引いた利益の二〇パーセントないし三〇パーセントというものは配当として株主に還元されている。そして今日では各企業の株式は数多くの大衆株主によって保有されているわけである。

企業によっては何十万人という多数の人がその株主になっている。そのように多くの人々の出資による資金を集めて事業活動をしているのが、今日の企業の姿である。

だから、そうした株主に対しては、適正にして安定的な配当をもって報いていかなくてはならないのは当然であろう。そのこともまた、企業にとっての大きな社会的責任である。

企業の業績が不安定で、しばしば減配とか無配という事態になるようでは、株主としても安心してその企業の株式をもっていることはできない。かりにその配当をもって生活の資としているような人があれば、減配や無配になったりすることは、死活問題である。そういう面からしても、企業が適正利益を得ることの大切さがあるわけである。

さらにもう一つ大切なことがある。

というのは、企業がこの人間の共同生活の限りない生成発展に貢献していくためには、企業自体が絶えず生成発展していかなくてはならない。つまり、常に新たな研究開発なり、設備投資というものをして、増大していく人々の求めに応じられる体制にしていかなくてはならないわけである。

ところが、そうした開発なり投資にはそれだけの資金がいる。その資金をどのようにしてつくるかということだが、これが政府がやっている事業ならば、必要なだけ税金を取るということもできよう。しかし民間の企業はそういうことはできないから、やはり、それをみずからつくるしかない。そのためには利益を得て、それを蓄積していくということになる。

その利益も、半分以上は税金として納め、残りの二〇~三〇パーセントは株主に対する配当として支払うのだから、社内に蓄積できるのは全体の二〇パーセント前後にすぎない。つまり、製造業の場合であれば、十億円の利益があっても、蓄積にまわるのは二億円前後ということである。十億円の利益を生むには、かりに売上げ利益率を一〇パーセントとしても、百億円の売上げが必要である。いいかえれば百億円の売上げがあっても、企業がその本来の使命遂行のため、開発なり新規設備への投資に使えるのは、わずか二億円にすぎないのである。それだけのものは最低限必要であり、その程度の利益すらも確保できないということでは、企業としての生成発展もむずかしくなってしまう。

そういうことで私は、売上げ利益率一〇パーセントというものを適正利益と考えて、経営を行なってきた。もちろん、適正利潤の基準というものは、業種により、また企業自体の発展段階によっても異なってくるだろう。しかし、いずれにしても、国家、社会への税金、株主への配当、企業の使命達成のための蓄積という三つの観点からして適正な利益率というものが考えられようし、その適正利益を確保することは、企業にとって大きな社会的責任だということを明確に自覚しなくてはならない。

それとともに、このような利益の意義というものを、政府なり一般の人々にもよく認識してもらうことが大切である。

企業の利益については、これを国民の福祉に反する好ましくないもののように考える傾向が一部に見られ、それが政府や自治体の中にもあって、その政策を誤らしめる原因にもなっている。そうした誤った政策の結果、利益の減少、ひいては税収の減少となり、政府も困り、自治体も困り、国民の福祉も阻害されることになるのである。

だから、過度な利益というか、いわゆる暴利はいけないが、適正な利益は、企業自体だけでなく、社会全体、国民全体の福祉の向上のためにも必要不可欠のものであるという認識を、企業経営者はもちろん、政府も国民もはっきりともつことが大切なのである。

共存共栄に徹すること

企業は社会の公器である。したがって、企業は社会とともに発展していくのでなければならない。企業自体として、絶えずその業容を伸展させていくことが大切なのはいうまでもないが、それは、ひとりその企業だけが栄えるというのでなく、その活動によって、社会もまた栄えていくということでなくてはならない。また実際に、自分の会社だけが栄えるということは、一時的にはあり得ても、そういうものは長続きはしない。やはり、ともどもに栄えるというか、いわゆる共存共栄ということでなくては、真の発展、繁栄はあり得ない。それが自然の理であり、社会の理法なのである。自然も、人間社会も、共存共栄が本来の姿なのである。

企業が事業活動をしていくについては、いろいろな関係先がある。仕入先、得意先、需要者、あるいは資金を提供してくれる株主とか銀行、さらには地域社会など、多くの相手とさまざまなかたちで関係を保ちつつ、企業の経営が行われているわけである。そうした関係先の犠牲においてみずからの発展をはかるようなことは許されないことであり、それは結局、自分をも損なうことになる。やはり、すべての関係先との共存共栄を考えていくことが大切であり、それが企業自体を長きにわたって発展させる唯一の道であるといってもいい。

たとえば、需要者の要請にこたえてコストダウンをしていくために、仕入先に対して値段の引下げを要望する。これは、どこでもよくあることである。しかし、その場合に、ただ値引きを要求するだけではいけない。値段を下げても、なおかつ先方の経営が成り立つ、いいかえれば、先方の適正利潤が確保されるような配慮が必要なのである。

私自身は常にそのように考えて、やってきた。仕入先に値下げを要請するときでも、それによって先方が損をしたのでは困るということは念を押す。それでももし先方ができないという場合には、その工場を見せてもらうなどして一緒に工程などの改善をはかり、値下げしてもなお十分な適正利益を確保してもらえるような道を考えるようにした。だから、値下げを要望しても、結果的にはかえって喜んでもらえるというような状態であった。

そのように、仕入先に対しては先方の適正利益というものを十分考えることが大切だが、一方、商品の販売を担当する得意先に対しては、こちらも大いに勉強するとともに、やはり必要な適正利益を取ってもらうようにする。同時に、需要者にも、適正な価格で買ってもらえるように、商品政策、販売政策を考えていく。そのようにして、ともどもに適正利益を得つつ共存共栄していくことが大切である。

その際に一つ大事なことは、得意先に対する集金を確実にすることである。得意先から集金を待ってくれといわれて、それをそのまま認めることは一見先方のためになるようだが、それはかえって得意先に安易感をもたせ、お客に対する集金がルーズになり、経営の弱体化を招くことにもなりかねない。さらにいえば、業界全体、社会全体に不健全な精神をもたらすことにも結びつく。それに対して、こちらが集金を厳格にすれば、得意先も支払いをキッチリやるために、自分も集金を確実にするようになり、堅実な経営になってくる。それがまた業界なり社会の精神健全化にもなる。だからそういうことも共存共栄を実現していくためにきわめて大切なことである。

いずれにしても、共存共栄ということは、相手の立場、相手の利益を十分考えて経営をしていくということである。まず相手の利益を考える、というといささかむずかしいかもしれないが、少なくとも、こちらの利益とともに相手の利益をも同じように考えることである。それが相手のためであると同時に、大きくは自分のためにもなって、結局、双方の利益になるわけである。

ところで、この共存共栄ということがいちばんむずかしいのが同業者どうしである。いうまでもなく、同業者のあいだでは競争がある。そして、その競争はきわめて激しいものであり、それだけに往々にして、行きすぎた過当競争に陥りかねない。

競争があること自体は好ましいことである。競争があることによって、お互いに相手に負けないように知恵を働かせ、努力もする。そういうところから、製品の品質も向上し、コストもより合理化されて適正なものになってくる。競争のないところでは、やはりどうしても品質もあまりよくならないし、コストも高くつくということは、お互いにしばしば見聞するところである。

だから、競争自体は大いにあっていいし、むしろなくてはならないが、しかし、行きすぎた過当競争は弊害をもたらす。過当競争というのは、いわば適正な利益を取らないような競争である。極端な場合には、競争に勝つために一時的に採算を度外視したような価格で売ったりする。

そうした適正利潤を得られないような過当な競争が続けば、業界全体が疲弊してきて、場合によっては倒れるところも出てくる。それは概して資本力の小さい中小企業などで、資本力のある大企業ほどもちこたえられるから、そこにいわゆる資本の横暴といった姿も生まれてこよう。経営力がないために、経営に当を得なくて倒産するというのは、これはやむを得ない面もある。しかし経営適格者というか、適正利潤を得ながらの競争であれば十分やっていけるような人でも、過当競争においては資本力がなければ倒されてしまう。

そのように、過当競争は経営適格者をも倒すなどして、業界を非常に混乱させ、社会に大きな弊害をもたらす。さらにお互いに適正利益が確保できないということになれば、それだけ税金の減収をもたらし、国家、社会にマイナスとなる。まさに百害あって一利なしといってもいい。

だから、お互いに適正な競争は大いにやりつつも、過当競争はいわば罪悪として、これを排除しなくてはならない。特に資本力の大きな大企業、業界のリーダー的な企業ほどそのことを自戒しなくてはいけない。小さな企業が少々過当競争的なことをしても、リーダー的な企業が毅然《きぜん》として正しい競争に徹したならば、業界もそう混乱しないだろう。

あたかも国際社会において、小国どうしが過当競争、たとえば戦争を始めても、大国がそれに巻きこまれることなく、公正な立場から調停役にまわれば、戦争も局地的なものにとどまり、まもなく沈静していくようなものである。それを、リーダー的な企業が率先して過当競争を始めたのでは、これは世界大戦のごとき大混乱を業界にもたらす結果になり、業界をいちじるしく疲弊させ、その信用を大きく失墜させることにもなってしまう。

そういうことを考えてみると、なかなかむずかしいことではあるが、お互いに、業界における共存共栄を絶えず心がけ実践していくことがきわめて大切である。企業が大きければ大きいほど、そのことに対する責任もまた大きいといえよう。

世間は正しいと考えること

企業活動はいろいろなかたちで、直接間接に世間、大衆を相手に行われている。その世間、大衆の考えるところ、行うところをどのように見るかということは企業経営の上できわめて大切である。

世間はいいかげんで信用できないものだと考えれば、経営はそれに則したものになっていくし、世間は正しいと考えれば、世間の求めに応じた経営をしていこうということになる。

その点、私は世間は基本的には神のごとく正しいものだと考えている。そして一貫してそういう考えに立って経営を行なってきた。

もちろん、個々の人をとってみれば、いろいろな人がいて、その考えなり判断がすべて正しいとはいえない。また、いわゆる時の勢いで、一時的に世論が誤った方向へ流れるということもある。しかし、そのように個々には、あるいは一時的には過つことがあっても、全体として、長い目で見れば、世間、大衆というものは神のごとく正しい判断を下すものだと私は考えている。

だから、われわれの経営のやり方に誤ったところがあれば、それは世間から非難されたり、排斥されたりすることになる。そのかわり、正しい経営をしていれば、世間はそれを受け入れてくれるわけである。

そのように考えると、そこに一つの大きな安心感が起こってくる。もし世間の判断というものがいいかげんなもので、正しいものを正しいとして認めてくれなかったらどうであろうか。

いかにわれわれが正しい経営努力を重ねても、それが世間から受け入れられなかったら、まことに頼りないというか、やりがいのないことになってしまう。

実際に個々に見ればいろいろな人がいて、人間である以上、その判断が常に正しいとはいえない。それで、そうした個々の姿だけを見て、世間というのは往々にして過つものだというように考えてしまうと、何を頼りにして経営を行なっていけばいいのか非常に不安であり、いたずらに心を労し、頭を疲れさせるといったことにもなりかねない。

けれども、世間が正しいものを正しいとして認めてくれるとなると、われわれが〝何が正しいか〟を考えつつ経営努力を重ねていくならば、それは必ず世間の受け入れるところとなるわけである。だから、われわれはその世間を信頼して、迷うことなく、なすべきことをなしていけばいいということになる。

これほど心強く安心なことはない。いわば、坦々《たんたん》とした大道を行くがごときものである。

自然の理法、社会の理法は限りない生成発展ということなのである。その社会を形成している大衆の求めるところも、基本的にはそれからはずれるものではない。

だから、そういうところに立脚して〝何が正しいか〟を考えつつ、その正しいと考えるところを行なっていくならば、それは基本的には世間から受け入れられるものと考えられる。そしてまた、私の実際の体験からしても、やはり世間は正しいことは正しいとして受け入れてくれるものである。

ただ、そうはいっても、ときには誤解というか、こちらの考えていることが誤って受け取られることがある。そのような場合には、やはりその誤解はといていかなくてはならないし、またそういうことのないよう、日ごろから、企業の考えていることなり、業績、製品などについて、世間に正しい姿を知ってもらうことが大切であろう。いわゆる広報活動なり、宣伝広告などはそのために行うものである。

その場合にも、いわゆる誇大広告のごとく、みずからの姿を実態以上に見せようとすることは厳に慎まなくてはならないことはいうまでもない。そういうことで、かりに一時的には世間の目をあざむけても、結局は大衆は真実の姿を見抜き、その結果かえって信用を落とすことになってしまうだろう。

リンカーンは「すべての人を一時的にだますことはできるし、一部の人をいつまでもだましておくこともできる。しかしすべての人をいつまでもだまし続けることはできない」と言っているという。彼は政治家としてこういうことを言ったのだろうが、経営についてもまったくそのとおりである。真実をありのままに知ってもらうということが、長い目で見ていちばん大切なことなのである。

そのように世間は正しいと考え、その正しい世間に受け入れられるような仕事をしていくことを心がけていくところに、事業発展の道があるのである。

必ず成功すると考えること

企業がその使命を果たし、社会に貢献していくためには、常に安定的に発展していかなくてはならない。企業の業績が不安定であっては、その本来の使命も十分果たせず、また社会に対する利益の還元、株主への配当、従業員の生活などいろいろな面で社会に好ましくない影響をもたらすことになる。

だから、どんな情勢にあっても、企業は安定的に成果をあげていかなくてはならないわけであるが、一面にまた、経営というものは、正しい考え、正しいやり方をもってすれば必ず発展していくものと考えられる。それが原則なのである。

昔から「勝敗は時の運」とか「勝負は兵家の常」というような言葉があって、戦《いくさ》では勝つこともあれば、負けることもあるのが普通の姿だと考えられていたようである。

そして経営についても同じように、うまくいったり、いかなかったりというか、利益があがるときもあれば、損をするときもあって、それが普通なのだとする見方もある。確かに企業経営には、景気、不景気といったこともついてまわるし、また運というようなものも一面に考えられるから、そうしたものによって業績が左右され、利益があがったり損をしたりという姿をくり返すことは現実に見られる姿である。

しかし私は、基本的には企業経営はそのように外部の情勢に左右されて、うまくいったり、いかなかったりするものではなく、本来はいかなるときでもうまくいく、いわば百戦して百勝というように考えなければならないと思う。

もっとも私は〝運〟というようなものを否定するわけではない。むしろそういうものがお互い人間の上には、目には見えなくても働いているのではないかと考えている。

私自身の経営については、このように考えてやってきた。すなわち物事がうまくいったときは〝これは運がよかったのだ〟と考え、うまくいかなかったときは〝その原因は自分にある〟と考えるようにしてきた。つまり、成功は運のせいだが、失敗は自分のせいだということである。

物事がうまくいったときに、それを自分の力でやったのだと考えると、そこにおごりや油断が生じて、つぎに失敗を招きやすい。実際、成功といっても、それは結果での話であって、その過程には小さな失敗というものがいろいろある。それらは一歩過てば大きな失敗に結びつきかねないものであるが、おごりや油断があると、そういうものが見えなくなってしまう。けれども、〝これは運がよかったから成功したのだ〟と考えれば、そうした小さな失敗についても、一つひとつ反省することになってくる。

反対に、うまくいかなかったときに、それを運のせいにして〝運が悪かった〟ということになれば、その失敗の経験が生きてこない。自分のやり方に過ちがあったと考えれば、そこにいろいろ反省もできて、同じ過ちはくり返さなくなり、文字どおり「失敗は成功の母」ということになってくる。

そして、そのように〝失敗の原因はわれにあり〟という考えに徹するならば、そうした原因を事前になくしていこうという配慮ができるようにもなる。だから、それだけ失敗も少なくなって、どういう状況下にあっても経営が順調にいくという姿になってくるわけである。

たとえば、不景気になれば、産業界全体として企業の業績も低下し、利益があがらなくなってくるのが現実の姿である。しかし、それではどこも同じように業績が悪化するかというと、必ずしもそうではない。

そういう中にあっても、着実に業績を伸ばしている企業がある。業界自体が低調で、ほとんどの同業者が赤字でも、なお十分な利益をあげているというような会社があることは、お互いが現実の体験の中で見聞するところである。

不況だから利益があがらなくても仕方がない、というのも一つの見方である。しかし、現実に不景気の中でも利益をあげ、業績を伸ばしている企業があるということは、やはりやり方次第だということではないだろうか。

つまり、業績の良否の原因を、不況という外に求めるか、みずからの経営のやり方という内に求めるかである。経営のやり方というものは、いわば無限にある。そのやり方に当を得れば必ず成功する。

だから、不景気であろうと何であろうと、必ず道はあるという考えに立って、それを求めていけば、やはりそれなりの成果はあがるものである。

好況のときと違って、不景気のときは経営にしろ、製品にしろ、需要者、また社会から厳しく吟味される。ほんとうにいいものだけが買われるというようになる。だから、それにふさわしい立派な経営をやっている企業にとっては、不景気はむしろ発展のチャンスだともいえる。〝好景気よし、不景気さらによし〟である。

そういう姿にしていくためにも、やはり日ごろから、〝失敗の原因はわれにあり〟という考えに徹して、みずからの経営を厳しく吟味しつつ、なすべきをなしていくことが大切である。そういうことをしている企業は、戦争とか大きな天変地異でもないかぎり、どんな状況にあっても隆々と発展して、その使命、社会的責任を果たしていくであろう。

自主経営を心がけること

経営のやり方というものは無限にあるが、その一つの心がまえとして自力経営、自主経営ということがきわめて大切である。つまり、資金であるとか、技術の開発その他経営の各面にわたって、自力を中心としてやっていくということである。

戦後、日本の経済界なり個々の企業は非常な発展を遂げて、今日では欧米諸国に追いつき、多くの面で追い抜いているというような姿にある。しかし、その発展の過程を見ると、かなりの程度他力に頼ってやってきたのが実情である。すなわち、資金の多くを借金によってまかない、技術についても欧米諸国の進んだものを導入して、それを活用するなどしてきた。

そのことは、戦後の日本の企業がおかれた状態、つまり戦争によってすべてを破壊され、いわば無一物の中から急速な国民生活の復興、再建をなし遂げなくてはならなかったことからすれば、一面必要だったことである。もし、そのような他力の活用がなければ、今日のような日本経済の発展はなく、国民生活ももっと低い水準にとどまっていたであろう。

だから、なにもいちがいに他力の活用を否定したり排斥するものではないが、しかし、基本は自力による自主経営でなくてはならない。

他力の活用もときに必要であり、そのほうが効率的な場合もあるが、やはり人間はそういう状態が続くと、知らず識らずのうちに安易感が生じ、なすべきことを十分に果たさなくなってくるものである。また、企業の体質としても、他力に頼るところが多ければ、それだけ外部の情勢の変化に影響されやすくなってくる。たとえば、他からの資金、すなわち借金が多ければ、金利の引上げでもあると、それがたちまち業績を悪化させることになる。そうなっては、〝好景気よし、不景気さらによし〟といったように、いついかなるときでも堅実に発展していく企業にはなり得ない。

だから、資金については、原則として蓄積による自己資金を中心にしていくことが大切である。日本の企業は欧米に比べて蓄積が少なく、自己資本比率が概して低いといわれる。それは戦後のわが国の特殊事情に原因する面もあるが、そういう中にあっても、それなりに内部蓄積を重ね、欧米に劣らぬ自己資本比率を示している企業も現にあるわけである。そして、そういう企業ほど、不況の中でも業績を伸ばしてきている。

自己資本比率を高めていくについては、税制や手形の規制など国の施策にまたねばならない点もあろうが、やはりまず個々の企業においてそのことが十分に心がけられなくてはならない。そして、そのためにも、〝適正利潤〟の確保ということの大切さがしっかりと認識されなくてはならないわけである。

技術にしても同じことである。過去においては、海外の進んだ技術を導入してやっていくということでもよかった。今後とても、一面にそういうことは必要であろうが、それ以上にみずから開発し、場合によってはその技術を他国に供与するという考えに立たなくてはいけない。

私は、技術に関する特許やノウハウは、それを開発したところが独占すべきものでなく、すべて適正な価格で公開することが望ましいと考えている。そのことによって、国家的に見て、同じ研究開発が二重、三重に行われるようなムダが少なくなるし、社会全体としての技術の進歩、発達もより進むからである。

けれども、かりにそのようにいわば技術が自由化されたとしても、個々の企業としては、やはりみずから独自のものを開発していくという姿勢はもたなくてはならないし、むしろそのことにいかに成功するかが、企業発展の大きなカギとなってくるわけである。

自主経営ということは、そのように経営のあらゆる面にわたって自力を中心としてやっていくということである。そういう考え、姿勢を基本にもちつつ、その上で必要な他力を大いに活用するならば、それは非常に生きてくるだろう。また、そのように自力を中心でやっていく姿には、それだけ外部の信用も生まれ、求めずして他力が集まってくるということもある。これはいわば理外の理ともいうべきものかもしれないが、そういうものが世間の一つの姿なのである。

ダム経営を実行すること

企業経営というものはいついかなるときでも堅実に発展していくのが原則であり、そしてそれはやり方次第で可能なことである。そして、そのような企業にしていくために、大切な考え方として〝ダム経営〟というものがある。

ダムというのは、改めていうまでもなく、河川の水をせきとめ、たくわえることによって、季節や天候に左右されることなく、常に必要な一定量の水を使えるようにするものである。

そのダムのようなものを、経営のあらゆる面にもつことによって、外部の諸情勢の変化があっても大きな影響を受けることなく、常に安定的な発展を遂げていけるようにするというのが、この〝ダム経営〟の考え方である。設備のダム、資金のダム、人員のダム、在庫のダム、技術のダム、企画や製品開発のダムなど、いろいろな面にダム、いいかえれば、余裕、ゆとりをもった経営をしていくということである。

設備であれば、一〇〇パーセント操業しなければ赤字というのではなく、八〇パーセントなり九〇パーセントの操業率でも採算がとれるようにしておく。そして、常時はその範囲で稼動させておく。そうすれば需要が急に増えても、設備にゆとりがあるから、それに十分対応して生産を増強することができる。

資金であれば、十億円必要な事業をする場合に、十億円だけを用意したのでは、何か事が起こって十億円ではすまなくなったときに、それに対処できない。だから、十億円必要なときには十一億円なり十二億円の資金を準備しておく。つまり資金のダムである。

そのほか、常に適正な在庫をもって、需要の急増に備えるとか、製品開発にしても、いつもつぎの新製品を準備しておくとかいったことがいろいろ考えられよう。

いずれにしても、そのような経営のダムを随所にもつことによって、少々外部の状況が変化しても、あたかも、増水時にたくわえた水を乾期に放流することによって水不足を防げるように、その変化に迅速かつ適切に対応できる。したがって、常に安定した経営を続けることができるわけである。

ただ、ここで気をつけなくてはいけないのは、設備のダムとか在庫のダムというものは、いわゆる過剰設備、過剰在庫とは違うということである。

〝これだけ売れるだろう〟と考えて設備投資をし、製品をつくったら、それがあまり売れずに在庫ができ、設備も遊んでいるというようなのは、ダムでも何でもない。それは単に見通しを誤ったということであり、そういう余剰は決して好ましいものではない。私のいう経営のダムは、あくまで〝これだけは必要だろう〟という的確な見通しにもとづいた上で、その一〇パーセントなり二〇パーセントなりのゆとりをあらかじめもつようにするということである。

つまり、単なる過剰設備、過剰在庫などはいわば経営のムダであるけれども、〝ダム〟という考えにもとづいたものは、一見ムダのように見えても、いわば経営の安定的発展を保障する保険料のようなもので、決してムダにはならないのである。

だから大切なことは、いろいろかたちに現われた経営のダムもさることながら、それ以前の〝心のダム〟というか、〝そのようなダムを経営のうちにもつことが必要なのだ〟と考える〝ダム意識〟ともいうべきものである。

そういうダム意識をもって経営をしていけば、具体的なダムというものは、その企業企業の実態に応じていろいろ考えられ、生み出されてくるであろう。そして、そこからいかなるときにも安定的に発展していくダム経営の企業ができてくるのである。

適正経営を行うこと

経営は人間が行うものである。そして、人間の能力というか、経営力というものは、人それぞれに異なるであろうが、いずれにしても人間は神のように全知全能というわけではないから、その力にはおのずとある一定の限度がある。

したがって、事業を行なっていくについても、そうした一定の限度を考えつつ経営を行い、事業を発展させていくことが必要になってくる。自分の力、さらには会社の力を超えた大きな仕事をしようとしても、それは多くの場合失敗に終わってしまうだろう。それでは企業本来の使命も果たせず、社会のマイナスにもなる。だから、そのような、その時々における自分の力の範囲で経営を行い、社会に貢献していく、いいかえれば、適正経営という考え方がきわめて大切である。

業容を伸ばし、会社の規模を発展させていく場合には、やはり会社の技術力、資金力、販売力などを含めた会社の総合実力というものを的確に把握し、その力の範囲でやっていく。そしてその場合、経営者にとって特に大事なのは、自分を含めた会社の経営陣の経営力に対する認識であろう。

私は長年の事業の体験の中で、数多くの取引先を見てきた。その中には、最初は経営が非常にうまくいっているのに、業容を拡大していくにつれて成果があがらないというところが出てくる。そういう場合に、思い切ってその商売を二つなら二つに分け、もとの経営者の人はその一つを見て、もう一方は然《しか》るべき幹部を選んで全面的に経営を任せるというようにすると、その二つともが順調に発展していくようになることが多い。

結局それは、その経営者の経営力の問題である。五十人の人を使うくらいまでは十分やっていけるが、だんだん発展して百人を使うようになると、それだけの能力はないということで、かえって業績があがらなくなってくる。それで会社を二つに分け、その一つを見るということにすれば、自分の力の範囲で十分やっていけるから、再びうまくいくようになってくるわけである。

もちろん、会社を二つに分けるというようなことはできにくいという場合も実際にはあるだろう。そういうときには、一つの会社のままで、部門を分けて、それぞれの部門の運営についてはその責任者に大幅に権限を与えて、あたかも独立会社のごとき実態においてやっていくようにするのも一つの方法である。

私の会社の事業部制というものは、そういうところから生まれた制度である。新しい事業分野が次々にできたときに、私自身が何もかも見るということができなくなったから、それぞれの分野について然るべき人を選んで、製造から販売までいっさいの経営を任せたわけである。そのようにすることによって、会社全体としての総合経営力は高まってくるから、そういうかたちにおいて、人を増やし、業容を大きくしてくることができた。

そのように、かたちはいろいろあっても、経営力に応じた範囲で独立会社的に運営しつつ、一歩一歩業容を拡大していくことが望ましいと思うが、その場合、こういうことも考えてみる必要がある。

それは、そうしたそれぞれの部門の規模ということである。もちろん、それぞれの人によって経営力は異なるし、また人間の力というのはだんだんに成長していくという面もあるから、あまり固定的に考えずに、実情に応じた姿にしていくのがいちばんいいと思う。ただ、概していえば、一万人の人を使えるというほどの人はきわめて少ないだろう。それに対して、千人の人を使えるという人はある程度求めやすい。

したがって、非常に大きな会社の場合でも、一万人を一つの単位とするよりも、千人というところに目安をおいた組織を考えていくことのほうが、より妥当性があるというか、より過ちの少ない堅実な行き方だといえる。なにも一律に千人にするということではもちろんないが、そういうところに一つの基準をおいていくならば、適切な人も求めやすく、全体としてより安定的に業容を発展させていけるわけである。

いずれにしても、そのように自分なり会社幹部の経営力を適切に把握し、さらには資金力、技術力、販売力などといった会社の総合実力を測りつつ、その範囲で経営を発展させていくことである。いいかえれば、無理をしないということである。そういう無理のない行き方を私自身はずっとしてきたし、それがどんな場合でも大切な考え方だと思う。

そのように無理をせず、自分の力の範囲で経営を伸ばしていくというのは、いわば〝カメの歩み〟のごときものだといえよう。一歩一歩進んでいくその歩みは、一見遅いように思われるかもしれない。しかし、それはきわめて着実な歩みであり、とどまることも、後退することもない。遅いようでも、いつか気がついてみたら、ウサギに勝っていたというようなもので、結局成功、発展の一番の近道であるといえよう。

専業に徹すること

企業経営において、多角化、総合化という行き方と、専業化という行き方があるが、私は原則として、多角化よりも専業化をはかっていくべきではないかと考えている。もちろん、それはあくまで〝原則として〟ということであって、多角化、総合化をいちがいにいけないというものではない。しかし、一般的に見て、どちらかといえば、専業化していくほうがより成果があがる場合が多い。つまり、それぞれの企業がそのもてる経営力、技術力、資金力というものの範囲で経営を行なっていくという場合に、そうした力をいちばん効果的に生かすにはどうしたらいいかというと、その力を分散させるよりも集中的に使ったほうが、より大きな成果を生むことができるわけである。

企業経営は常に厳しい競争場裡《じょうり》にさらされている。そういう中で、もてる力をいくつかの仕事に分散して、そのそれぞれの分野において他よりすぐれた仕事をしていくということは、よほど抜きんでた力をもっていればともかく、実際にはきわめてむずかしい。しかし、それほど大きな力をもたなくても、すべてを一つの仕事に集中してやっていくならば、そこから他に負けない成果を生み出すこともできやすくなってくる。

実際、世間には、比較的小さな企業でありながら、一業に徹し、その専門の分野においては巨大な総合企業以上の成果をあげているようなところが少なくない。一品をもって世界に雄飛しているというところもある。

多角化して、いくつかの部門をもち、どこかが業績があがらなくても、他の部門の成果でそれをカバーして、会社全体としての安定をはかっていくというのも、それなりに一つの行き方であろうし、現にそういう姿の企業も多く見られるところである。だから、そうした行き方をいちがいに否定するものではないが、ただ、それによって〝一つぐらいうまくいかない部門があっても、他でカバーすればいい〟というような安易な考え方に陥ったりすれば、これはきわめて好ましくないし、またそのような多角化によって、個々の部門が専業でやる場合ほどに発展し得るかどうかは疑問であろう。

やはり私は、基本的には、会社のもてる経営力、技術力、資金力といったものをすべて一つの仕事に集中して、そのかわり、その分野についてはどこにも負けないといった姿をめざしていくことがより好ましいと思う。そのためには、場合によっては現在二つの仕事をやっているとしても、その一つをあえてやめて一業に専念することも考えられる。

ただ、そうはいっても、実際の経営においては、社会の要請からしても、その二つとも続けることが望ましい場合もあろう。また一つの仕事をやっていても、そこからそれに関連して次々と新しい仕事が生まれてくるということも起こってくるだろう。だからそれは大いにやっていっていいと思う。しかし、そういう場合でも、その個々の仕事については専業的に独立性の高い姿でやっていくことが大切である。つまりその一つひとつを独立の会社にするなり、あるいはそれに近い姿で運営していくということである。だから、それぞれの部門はあくまで、その分野についてはどこにも負けないという姿をめざさなくてはいけない。一つがうまくいかなくても他でカバーするというのでなく、すべての分野が独立経営体として成果をあげていくということである。

そうなれば、かりにかたちは総合経営のようであっても、内容的には専門細分化されて、あたかも専業の独立会社の集合体のような実態をもっているといえよう。

しかし実際には、そのような総合経営でも、個々の分野ではほんとうの独立の専業会社ほどにはうまくいかないという姿が往々にして見られる。だから、よほど独立意識を高め、経営の主体をそれぞれの部門におくということを、考え方の上でも、実際の経営においても強くもたなくてはならないのである。

人をつくること

〝事業は人なり〟といわれるが、これはまったくそのとおりである。どんな経営でも適切な人を得てはじめて発展していくものである。いかに立派な歴史、伝統をもつ企業でも、その伝統を正しく受け継いでいく人を得なければ、だんだんに衰微していってしまう。

経営の組織とか手法とかももちろん大切であるが、それを生かすのはやはり人である。どんなに完備した組織をつくり、新しい手法を導入してみても、それを生かす人を得なければ、成果もあがらず、したがって企業の使命も果たしていくことができない。企業が社会に貢献しつつ、みずからも隆々と発展していけるかどうかは、一にかかって人にあるともいえる。

だから、事業経営においては、まず何よりも、人を求め、人を育てていかなくてはならないのである。

私はまだ会社が小さいころ、従業員の人に、「お得意先に行って、『君のところは何をつくっているのか』と尋ねられたら、『松下電器は人をつくっています。電気製品もつくっていますが、その前にまず人をつくっているのです』と答えなさい」ということをよく言ったものである。

いい製品をつくることが会社の使命ではあるけれども、そのためにはそれにふさわしい人をつくらなければならない。そういう人ができてくれば、おのずといいものもできるようになってくると考えていたことが、若さの気負いもあって、そのような言葉となってあらわれたのであろう。しかし、そういうことを口に出して言う言わないは別として、この考え方は私の経営に一貫しているものである。

それでは、どのようにすれば人が育つかということだが、これは具体的にはいろいろあるだろう。しかしいちばん大切なことは、〝この企業は何のためにあるのか、またどのように経営していくのか〟という基本の考え方、いいかえればこれまでに述べてきたような正しい経営理念、使命観というものを、その企業としてしっかりともつことである。

そうした会社としての基本の考え、方針がはっきりしていれば、経営者なり管理監督者としても、それにもとづいた力強い指導もできるし、またそれぞれの人も、それに従って是非の判断ができるから、人も育ちやすい。ところが、そうしたものがないと、部下指導にも一貫性がなく、その時々の情勢なり、自分の感情に押し流されるといったことにもなりかねないから、人が育ちにくい。だから経営者として人を得たいと思うならば、まずみずからがしっかりした使命観、経営理念をもつことが先決である。

さらに、従業員に対しては常にそのことを訴え、それを浸透させていくことである。

経営理念というものは、単に紙に書かれた文章であっては何にもならないのであって、それが一人ひとりの血肉となって、はじめて生かされてくるのである。だからあらゆる機会にくり返しくり返し訴えなければならない。

そしてまた、それは単に理念を説くということでなく、実際の日々の仕事において、経営者としては、言うべきを言い、正すべきを正していかなくてはならない。

個人的な人情としては、人に注意したり、叱《しか》ったりするのは、あまりしたくない、できれば避けたいことである。しかし、企業は社会に貢献していくことを使命とする公器であり、そこにおける仕事もまた公事である。私のものではない。だから、その公の立場から見て、見すごせない、許せないということに対しては、言うべきを言い、叱るべきを叱らなくてはならない。決して私の感情によってそれをするのでなく、使命観に立っての注意であり、叱責《しっせき》である。そういう厳しいものによって、叱られた人もはじめて目覚め、成長していくのである。

何も言われない、叱られないというのは部下にとっても一面結構なようだし、経営者、上司にとっても楽であるが、そうした安易な姿では決して人は育たないことを銘記しなくてはならない。

それとともに大事なのは、思い切って仕事を任せ、自分の責任と権限において自主性をもった仕事ができるようにしていくことである。

人を育てるというのは、結局、経営の分かる人、どんな小さな仕事でも経営的な感覚をもってできる人を育てることである。そのためには、何でもあれこれ命令してやらせるのではいけない。それでは言われたことしかしない人ばかりになってしまう。やはり仕事は思い切って任せることである。そうすることによって、その人は自分でいろいろ考え工夫するようになり、そのもてる力が十分発揮されて、それだけ成長もしてくる。

私どもの事業部制はいわばそういうことを一つの制度化したものであり、それによって人が育つという大きな長所があることを私は経験から感じている。事業部という一つの経営体だけでなく、その中の個々の仕事、いいかえればすべての仕事について、そのような考えをもち、それを訴えてきたのが私の経営である。

もちろん、大幅に仕事を任せるといっても、基本の方針というものはピシッと押さえておかなくてはいけない。それなしに任せたのでは、それぞれが勝手にやるということになって、全体がバラバラになってしまう。あくまで一定の方針にもとづいて権限を与えるのである。

したがって、ここでもやはり、その会社としての基本の考え、経営理念というものがきわめて大切になってくるわけである。その経営理念に則して、各人が自主的に仕事をしていくということであり、そういうものがあってはじめて成り立つことだといえよう。

また、人を育てるということについて、特に心しなくてはならないのは、単に仕事ができ、技術がすぐれていればいいというものではないということである。

手腕や技能というものはもちろんきわめて大切だし、そういう面においてすぐれた人でなくてはならないのは当然であるが、それと同時に、人間としてというか、社会人としても立派な人であることが望ましい。

仕事はよくできるが、社会人としては欠陥があるというのでは、やはり今日の時代における産業人としては好ましくない。特に、個々の企業としても、また日本の国としても、国際的に活動することが多くなりつつあることを考えれば、そのことはきわめて重要だといえる。

もちろん、そうした人間として、社会人としてのしつけとか教育は、本来、家庭なり学校にまつべきものではあろうが、しかし現実の問題としては、企業が果たす役割はきわめて大きく、さらにその役割はますます増大していくと考えられる。したがって、人を育てる場合には、職業人としても社会人としても立派な人間を育てることを強く心しなくてはならないと思うのである。

衆知を集めること

衆知を集めた全員経営、これは私が経営者として終始一貫心がけ、実行してきたことである。全員の知恵が経営の上により多く生かされれば生かされるほど、その会社は発展するといえる。

私が、衆知を集めるということを考えたのは、一つには自分自身があまり学問、知識というものをもっていなかったから、いきおい何をするにも皆に相談し、皆の知恵を集めてやっていくことになった面もある。いわば必要に迫られてやったことだといえなくもない。

しかし私は、いかに学問、知識があり、すぐれた手腕をもった人といえども、この〝衆知を集める〟ということはきわめて大切だと考えている。それなしには真の成功はあり得ないであろう。

というのは、いかにすぐれた人といえども、人間である以上、神のごとく全知全能というわけにはいかない。その知恵にはおのずと限りがある。その限りある自分の知恵だけで仕事をしていこうとすれば、いろいろ考えの及ばない点、かたよった点も出てきて、往々にしてそれが失敗に結びついてくる。やはり「三人寄れば文殊の知恵」という言葉もあるように、多くの人の知恵を集めてやるに如《し》くはないのである。

もっとも、衆知を集めることが大切だといっても、それは事あるごとに人を集めて会議をしたり、相談しろというのではない。そういうことも、ときに必要だろうが、しかし、一面それはいわゆる小田原評定になってしまったりして、緊急のときに間に合わないこともあるし、実際問題としてもいちいち会議をしているというのでは、その手間と時間だけでもたいへんである。特に小さな会社ならそういうこともできようが、大きな会社では事実上不可能でもある。

だから大切なのはかたちではなく、経営者の心がまえである。つまり、衆知を集めて経営をしていくことの大切さを知って、日ごろからつとめて皆の声を聞き、また従業員が自由にものを言いやすい空気をつくっておくということである。そういうことが日常的にできていれば、事にあたって経営者が一人で判断しても、その判断の中にはすでに皆の衆知が生きているといえよう。

また、経営者みずからが衆知を集めてものを考え、仕事をしていくということも大切だが、それとともに、できるだけ仕事を任せて部下の人々の自主性を生かすようにしていくことも、衆知を生かす一つの行き方である。

そうすることによって、その場その場で、それぞれの人の知恵が最大限に発揮され、会社全体としては、皆の衆知が生かされることになる。特に会社が大きくなれば、全社的な判断、決定は経営責任者が衆知によって行うとしても、個々の仕事はそのようにしていくほうが、より衆知が生きてくるといえよう。

いずれにしても、具体的なやり方はいろいろあっていいが、常に

〝衆知を集めてやらなくてはいけない〟という心がけはもたなくてはならない。そういう気持ちがあれば、人の言葉に耳を傾けるなど、それにふさわしい態度も生まれて、ことさらに求めずともおのずと衆知が集まってくるということも一面に出てくるものである。

ただ、どんな場合でも大切なのは、衆知を集めるといっても、自分の自主性というか主体性はしっかりともっていなくてはならないということである。こちらの人の考えを聞き〝それは、そうだな〟と思い、また別の人から違う意見を聞かされて〝それも、そうだ〟というように、聞くたびにフラフラ揺れ動いているというようなことでは、聞いただけマイナスということにもなりかねない。あくまで自分の主体性をもちつつ、他の人の言葉に素直に耳を傾けていく、いいかえれば、経営者としての主座というものをしっかり保ちつつ衆知を集めていくところに、ほんとうに衆知が生きてくるのである。

対立しつつ調和すること

経営においてきわめて重要な問題の一つに労使の関係がある。この労使関係がこじれてうまくいかないということでは、企業の発展は阻害されるし、場合によっては、企業そのものをつぶしてしまうことにもなりかねない。反対に、労使のあいだが円滑にいっているところは、おおむね経営の成果もあがっている。だから、経営者にとって、労働組合にどのように対処し、いかにして良好な関係を生み出していくかということは、まことに大切な問題である。

そのためにはどういうことを考えなくてはならないかというと、基本的には経営者として、労働組合の意義というか存在価値というものを適正に認識し、その上に立って共存共栄をめざしていくことが大切である。いいかえれば〝労働組合があるのは好ましいことだ〟という考えに立つということである。

もちろん、現実の労働組合の姿は必ずしも好ましいと考えられるものばかりではない。行きすぎた過激な姿を呈するということもときにはある。そういう労働組合に直面した場合には、〝困ったものだ〟と思ったり、〝労働組合などないほうがいい〟と考えたくなるのも一面人情として無理からぬものがある。

しかし、大きな目で見れば、やはり労働組合の存在は企業にとっても、社会全体としても非常なプラスになっているといえよう。もともと労働組合というものは、欧米において資本主義の初期に、いわゆる資本家の専制に対して、労働者の地位と福祉を守り高めるために生まれたものである。そして、そうした労働組合の活動によって、労働者の生活、ひいては国民全体の生活も向上し、それにつれて社会全体も発展してきたわけである。もし、まったく労働組合というものがなく、労働者の立場をだれも代弁しなかったら、いかに経営者が配慮しても、やはりともすれば専制的な姿に陥ってしまうだろう。したがって、労働者の生活、福祉もこれほどまでには高まらず、今日の社会の発展も生まれてこなかったとも考えられる。

だから、労働組合というものは労働者の人々にとって大切なものであると同時に、その存在、またその適正な活動、健全な発展は個々の企業にとっても、社会全体にとってもプラスになる好ましいものなのである。そのことをまず認識しなくてはならない。

そのような労働組合に対する基本の認識をもって、それでは具体的にいかにこれに接していくかについて私自身が考えてきたのは、〝対立と調和〟ということである。つまり、会社と労働組合とは常に、対立しつつ調和していくことが大切だと思う。

考えてみれば、この宇宙のいっさいのものはすべて対立しつつ調和しているのではないだろうか。それぞれのものがそれぞれの個性というか特質をもって、いわば自己を主張しあっている。それが対立である。だから、月と太陽も対立しているし、山と川も対立している、男と女も対立していると考えられる。しかし、ただ対立しているだけかというと、そうではなく、対立しながらも、互いに調和しあって、この大自然なり人間社会の秩序というものをかたちづくっているわけである。

だから、対立と調和ということはいわば一つの自然の理法であり、社会のあるべき姿である。だから労使の関係も基本的にはそれに則したものであることが望ましいと思うのである。企業というか、経営者はその社会的使命を果たしつつ、業容を発展させていくことを中心に考える。それに対して労働組合は、従業員でもある組合員の地位や福祉の向上と、労働者の責任意識の高揚を主たる目的としている。だから、そこに賃金その他の労働条件の決定をめぐっての対立が生じてくるわけである。そのことは、労使それぞれの本来の役割からして、当然のことである。

けれども、だからといって対立に終始していたのでは事業活動は阻害され、企業はその使命を十分に遂行していくことができない。そうなればまた、従業員の福祉も高められないということになってしまう。だから、労使は一面において対立しつつも、大きくは協調していくことが大切なのである。

もともと企業と労働組合の利害というのは個々の面ではともかく、究極においては一致すると考えられる。企業の発展なくしては、労働組合がめざす従業員の福祉向上を永続的に実現していくことはできない。同時に、従業員の福祉向上がなければ、その仕事に対する意欲もうすれ、働きの生産性もあがらず、企業の真の発展もあり得ないであろう。特に日本のように、終身雇用がならわしになっており、しかも労働組合も企業別の組織になっている場合には、そのことがはっきりいえる。かりに企業が行きづまって倒産するようなことがあれば、それは従業員の生活そのものをおびやかすことにもなってくるわけである。

結局、会社と労働組合とは、めざすところは究極的に一致するのであり、ただ、その重点のおき方が異なるのだと見ることができる。つまり、その異なる面で対立しつつも、一致する面においては協力、調和していくことが双方にとってプラスになるわけである。だから経営者は、みずから対立と調和という考えをもつとともに、労働組合に対し、また従業員に対してもそのことを誠心誠意訴えて、対立と調和の好ましい労使関係をつくりあげていくようにしなくてはならない。

それとともに、もう一つ考えておきたい大事なことがある。それは労使の力関係ということである。これは、双方の力がほぼ同じ程度であることが望ましい。それぞれの立場からすると、自分の側の力が強ければ、主張が通って好ましいと考えるかもしれないが、決してそうではない。一時的にはそれで多くのものを得られるかもしれないが、そういうことでは強いほうは専横的、独善的になりやすく、弱い側の反発あるいは意欲の喪失を招くことにもなって、好ましい成果が得られなくなってくる。

労使というのは、いわば車の両輪のようなものであり、一方が大きく他方が小さいということでは円滑に前に進んでいきにくいといえる。やはり両方の輪が同じ大きさでなくてはならない。だから、一方の力が強いときにはむしろ相手の成長に力をかすというくらいのことが望ましいともいえよう。そのように、力の等しい労使が互いに対立しつつ協調していくことによって、好ましい労使関係が生まれ、会社も発展し、従業員の福祉も高まっていくのである。

経営は創造であること

私は〝経営〟というものはきわめて価値の高いものだと考えている。それは一つの芸術といってもいいほどのものである。

経営を芸術などというと、あるいは奇異な感じをもたれるかもしれない。ふつう一般に芸術といえば、絵画、彫刻、音楽、文学、演劇などといったものを指し、いわば精神的で高尚なものと考えられている。それに対して、事業経営は物的ないわば俗事という見方がされている。しかし、芸術というものを一つの創造活動であると考えるならば、経営はまさしく創造活動そのものである。

たとえば、すぐれた画家が一つの構図を考え、何も描いていないまっ白なキャンバスの上に絵具をぬって、絵を仕上げていく。できあったものは、単なる布と絵具ではなく、そこに描いた画家の魂が躍動している芸術作品である。それはあたかも、無から有を生じるような立派な創造である。

その点、経営はどうだろうか。一つの事業の構想を考え、計画を立てる。それにもとづいて、資金を集め、工場その他の施設をつくり、人を得、製品を開発し、それを生産し、人々の用に立てる。その過程というものは、画家が絵を描くごとく、これすべて創造の連続だといえよう。

なるほど、かたちだけ見れば単に物をつくっていると見えるかもしれないが、その過程には、いたるところに経営者の精神がいきいきと躍動しているのである。その意味において、経営者の仕事は、画家などの芸術家の創造活動と軌を一にしており、したがって経営はまさしく芸術の名にふさわしいものだといえる。

さらに、経営というものは、いろいろ複雑多岐にわたる内容をもっている。

分野ということ一つをとってみても、さまざまである。研究したり開発をする部門、それにもとづいて製造する部門、できあがった製品を販売する部門、あるいは原材料の仕入れ部門、そのほか経理とか人事といった間接部門がある。そうした経営における一つひとつの分野がみなこれ創造的な活動である。そして、それを総合し、調整する全体の経営というものもこれまた大きな創造である。

そうしてみると、経営は芸術であるといっても、それは絵画であるとか、彫刻であるといったように一つの独立したものでなく、いわば、その中に絵画もあれば彫刻もある、音楽もあれば文学もあるといったように、さまざまな分野を網羅した総合芸術であると見ることもできる。

しかも経営というものは絶えず変化している。経営をとりまく社会情勢、経済情勢は時々刻々に移り変わっていく。その変化に即応し、それに一歩先んじて次々と手を打っていくことが必要なわけである。

だから、たとえば絵画のように、描き終えたら一枚の絵が完成するというのとは趣を異にしている。いわば経営には完成ということがないのであって、絶えず生成発展していくものであり、その過程自体が一つの芸術作品だともいえよう。そういう意味において、経営は生きた総合芸術であるともいえる。

もっとも、だからといって経営をもって他の芸術より高しとするのではない。芸術というものは人間の情操を豊かにし、人間精神を高めるきわめて尊いものであることはいうまでもない。ただ私が言いたいのは、経営もそれに匹敵する高い価値をもつものであるということである。

もちろん、ひと口に芸術といっても、その作品の価値というものは一様ではない。絵にしろ、文学にしろ、音楽にしろ、人々をして深く感動せしめるような芸術性の高い名作もあれば、いわゆる駄作もあるわけである。

芸術作品の価値を金銭で評価するのは必ずしも適切でない面もあるが、かりにそれを一つの目安としていえば、同じ一枚の絵でも何百万円、何千万円、ときに何億円もするような名作もあれば、その一方で、一万円でもだれも買おうとはしないというようなものもあろう。これは絵に限らず、すべての芸術についていえることである。

そして、同じことが経営についてもいえる。芸術作品といってもいいような、見る人をして感嘆せしめるようなすばらしい内容の経営もあれば、駄作といってもいいような成果のあがらない経営もある。だから、経営は生きた総合芸術だとはいっても、すべての経営がその名に値するわけではない。

工場の施設なり、できあがってくる製品、その販売の仕方、さらには人の育て方、生かし方、財務内容など一つひとつがきわめて立派であり、それらを総合した経営自体に、その企業の精神というか経営理念がいきいきと躍動している、そのような経営であって、はじめて芸術といえるのである。

一枚の絵でも、その出来、不出来によって価値に大きな違いがある。経営もそれと同じことであるが、ただ絵の場合は、それが駄作であっても、人々に感動を与えないというだけで、迷惑を及ぼすということはない。

しかし経営の駄作はそうではない。関係する各方面に多大の迷惑をかけるのである。いちばんはなはだしい例としては、倒産、破産ということを考えれば、経営の駄作、失敗作がいかに社会にとって好ましくないかが分かるであろう。その反対に、芸術の名にふさわしいような真に立派な経営は社会に益するところがきわめて大きいのである。だから、経営の芸術家たる経営者は、一般の芸術家の人々以上に、芸術的な名作を生み出す義務があるといえよう。

私は芸術のことはよくは知らないが、伝え聞くところによれば、芸術家が一人前になるための修業というものはきわめて厳しいようであり、また一つの作品の制作に取り組むときは、文字どおり骨身をけずるような思いで全身全霊を打ちこむということである。そのようにしてはじめて、人々を感動させ、後世に残るような芸術作品が生まれるわけである。

そういうことを考えると、生きた総合芸術である経営の名作をつくるためには、それに劣らぬ、あるいはそれ以上の厳しい精進、努力が求められてくると考えなくてはならない。そういうものなしに経営の成果をあげようとすることは、普通の努力だけで何百万円もする名画を描こうと考えるのと同じで、うまくいくわけがないことははっきりしている。

経営は生きた総合芸術である。そういう経営の高い価値をしっかり認識し、その価値ある仕事に携わっている誇りをもち、それに値するよう最大の努力をしていくことが経営者にとって求められているのである。

時代の変化に適応すること

正しい経営理念というものは、基本的にはいつの時代にも通ずるものである。経営というのは、結局、人間が人間自身の幸せをめざして行うものなのだから、人間の本質がいつの時代においても変わらないものである以上、正しい経営理念も基本的に不変であると考えられる。だからこそ、それだけ正しい経営理念をもつことが大切なのである。

しかし、その経営理念を現実の経営の上にあらわすその時々の方針なり方策というものは、これは決して一定不変のものではない。というよりも、その時代時代によって変わっていくのでなければならない。いいかえれば〝日に新た〟でなくてはならない。この社会はあらゆる面で絶えず変化し、移り変わっていく。だから、その中で発展していくには、企業も社会の変化に適応し、むしろ一歩先んじていかなくてはならない。

それには、きのうよりきょう、きょうよりあすへと、常によりよきものを生み出していくことである。きのうは是とされたことが、きょうそのままで通用するかどうかは分からない。情勢の変化によって、それはもう好ましくないということが往々にしてあるわけである。

よく、長い歴史と伝統をもった〝老舗《しにせ》〟といわれるところが、経営の行きづまりに陥ることがある。そういうところは、正しい経営理念をもたないかというと決してそうではない。むしろ、どこにも負けないような創業以来の立派な経営理念が明確に存在しているのである。しかし、せっかくそうしたものをもちながら、それを実際に適用していく方針なりやり方に、今日の時代にそぐわないものがあるわけである。かつて成功した昔ながらのやり方を十年一日のごとく守っているというような場合も少なくない。もちろん、旧来のやり方でも好ましいものはそのまま続ければいいわけだが、やはり時代とともに改めるべきは次々に改めていかなくてはならない。

たとえば、宗教というものを考えてみても、そういうことが分かる。非常に偉大な宗祖とか祖師といわれる人々が説いた立派な教えは、その本質においてはいつの時代にも通用するきわめて高いものが多い。けれども、その表現については、ずっと昔に説かれたそのままに今日話をしても、それではなかなか多くの人に受け入れられにくいものがある。だからその立派な教えを、今の時代に合わせて説くことによって、はじめて人々に広く受け入れられるのである。現実に、そのようにして祖師の教えを現代的な表現に直して説いている宗団は、今日にあっても多くの共感を得、信仰を集めているのである。

それと同じことで、いかに立派な経営理念があっても、実際の経営をただ十年一日のごとく、過去のままにやっていたのでは成果はあがらない。製品一つとっても、今日では次々と新しいものが求められる時代である。だから正しい経営理念をもつと同時に、それにもとづく具体的な方針、方策がその時々にふさわしい日に新たなものでなくてはならない。この〝日に新た〟ということがあってこそ、正しい経営理念もほんとうに永遠の生命をもって生きてくるのである。

政治に関心をもつこと

現代において企業経営を真に適正に進めていく上で、経営者が忘れてならないのは、政治に対して強い関心をもち、必要な要望を寄せていくことである。

政治などというと、それは政治家のやることで、われわれ経営者はいかに自分の事業を発展させていくかということだけを考えていればいいのだという見方もあるかもしれない。しかし、はたしてそうであろうか。

確かに、日本には封建制のなごりとでもいうのか、〝政治はお上《かみ》のやるもの〟というような考えが強い。戦前においては特にそういう傾向があったし、私がずっと仕事をしてきた大阪においては、〝政治は政治、経済は経済。われわれは独立独歩、自分の力で商売をやっていくのだ〟というような風潮だったのも事実である。そしてまた、戦前は比較的政治と経済のかかわりもうすく、そうした姿でやってこられたわけである。

しかし、今日ではその点はすっかり変わってきて、経済の動きが政治のあり方いかんで大きく左右されるようになった。たとえば、景気不景気ということも、昔は純然たる経済問題といってもよかったが、現在では政府の経済政策、財政政策によって、かなりの程度まで景気を調整できるようになっている。

あるいは、経済活動が盛んになるにつれ、道路、空港その他いろいろな社会施設の拡充が必要になってくるが、これはいうまでもなく政治の仕事である。

また、〝事業は人なり〟という、その〝人〟を育てる学校教育というものにも、政治は大きなかかわりをもっている。そのほか今日では企業活動に伴って、さまざまな許可、認可といったことも必要になっており、そういうことも含めた政治コストとでもいうものが、企業の生産コストに影響してくるという面もある。

そういうことをいろいろ総合して考えてみると、つぎのようなことがいえる。すなわち、企業がその使命を遂行し、社会に貢献していくことは、その半分までは企業自体の経営努力で行うことができるが、あとの半分は政治のあり方を中心とした社会情勢というものに左右されるということである。

いいかえれば、企業としては正しい経営理念をもち、企業の内部において、なすべき経営努力を誠実に、懸命にやっていかなくてはならないことは当然であるが、それだけでは十分な成果をあげられるかどうか分からないわけである。

そういう企業内部の努力に加えるに、政治における適切な経済政策なり、その他のいろいろな施策というものがあってはじめて、その企業努力が生かされ、実を結んでくるということである。反対に、政治のあり方が当を得なければ、そうした経営努力も無に帰してしまいかねないわけである。

したがって、経営者、経済人としては、その本来の使命を遂行していくために、自分の仕事に懸命な努力をしていくことはもちろん必要だが、それだけでは十分その責任を果たし得ているとはいえない面がある。そのこととあわせて、そうした正しい企業努力、経営努力を生かしてくれる適切な政策を生むために政治に関心をもち、正しい要望を寄せていくことがきわめて大切になってくる。そういうことが、今日の民主主義の時代にあっては、経営者として望まれているわけである。

もっとも、経済人が政治に対して要望を寄せるというと、ともすれば、自分の企業なり、業界に特別の便宜をはかってもらうためというように受け取られがちであるが、私がここでいうのは決してそういうことではない。

そのようなことは往々にして政治を誤らしめるものであり、政治を私することにもなるから、決して好ましいとはいえない。そうでなく、経済人としての観点から、何が国家、国民のために好ましいかということを考え、それを要望するということである。

そういう要望が適切に寄せられ、それが政治の上に実現されていくことによって、好ましい政治が生まれ、企業内部での努力も生かされる。そこから、その社会的責任もよりよく遂行されていくことになるだろう。

だから、今日における経営者は自分の事業に懸命に取り組むと同時に、その一方で政治に強い関心をもち、適切な要望を寄せていかなくては、その責務を十分果たしていけないということを銘記しなくてはならない。

素直な心になること

経営者が経営を進めていく上での心がまえとして大切なことはいろいろあるが、いちばん根本になるものとして、私自身が考え、努めているのは素直な心ということである。経営者にこの素直な心があってはじめて、これまでに述べてきたことが生きてくるのであり、素直な心を欠いた経営は決して長きにわたって発展していくことはできない。

素直な心とは、いいかえれば、とらわれない心である。自分の利害とか感情、知識や先入観などにとらわれずに、物事をありのままに見ようとする心である。人間は心にとらわれがあると、物事をありのままに見ることができない。たとえていえば、色がついたり、ゆがんだレンズを通して、何かを見るようなものである。かりに、赤い色のレンズで見れば、白い紙でも目には赤くうつる。ゆがんだレンズを通せば、まっすぐな棒でも曲がって見えるだろう。そういうことでは、物事の実相、真実の姿を正しくとらえることができない。だから、とらわれた心で物事にあたったのでは判断を間違えて、行動を過つことになりやすい。

それに対して、素直な心は、そうした色やゆがみのないレンズでものを見るようなもので、白いものは白く、まっすぐなものはまっすぐに、あるがままを見ることのできる心である。だから真実の姿、物事の実相を知ることができる。そういう心でものを見、事を行なっていけば、どういう場合でも、比較的過ちの少ない姿でやっていくことができる。

経営というのは、天地自然の理に従い、世間、大衆の声を聞き、社内の衆知を集めて、なすべきことを行なっていけば、必ず成功するものである。その意味では必ずしもむずかしいことではない。しかし、そういうことができるためには、経営者に素直な心がなくてはならない。

天地自然の理に従うとは、雨が降れば傘をさすというようなものだと述べた。雨が降れば、ごく自然に傘をさす、それが素直な心なのである。それを意地を張って傘をささないということは、心が何かにとらわれているからである。それでは雨にぬれてしまう。経営はうまくいかない。

世間、大衆の声に、また部下の言葉に謙虚に耳を傾ける。それができるのが素直な心である。それを自分が正しいのだ、自分のほうが偉いのだということにとらわれると、人の言葉が耳に入らない。衆知が集まらない。いきおい自分一人の小さな知恵だけで経営を行うようになってしまう。これまた失敗に結びつきやすい。

素直な心になれば、物事の実相が見える。それにもとづいて、何をなすべきか、何をなさざるべきかということも分かってくる。なすべきを行い、なすべからざるを行わない真実の勇気もそこから湧《わ》いてくる。

さらには、寛容の心、慈悲の心というものも生まれて、だから人も物もいっさいを生かすような経営ができてくる。また、どんな情勢の変化に対しても、柔軟に、融通無碍《ゆうずうむげ》に順応同化し、日に新たな経営も生み出しやすい。

ひと言でいえば、素直な心はその人を、正しく、強く、聡明《そうめい》にするのである。正しさ、強さ、聡明さの極致はいわば神であるともいえよう。だから、人間は神ではないけれども、素直な心が高まってくれば、それだけ神に近づくことができるとも考えられる。したがって、何をやっても成功するということになる。経営においても然りである。

しかし、そういうものの、素直な心になるということは決して容易ではない。人間には好き嫌いといった感情もあれば、いろいろな欲もある。それは人間に本来備わっているもので、それをまったくなくすことはできない。それをなくしてしまえば、人間が人間でなくなってしまう。

したがって、そうした自己の感情なり利害というものに、ともすればとらわれがちになるのも人間の一つの姿である。あるいは、最近のように学問、知識が進み、またいろいろな主義や思想が生まれてくると、そういうものにとらわれるということも出てくる。だから、何ものにもとらわれないということは、言うは易くして、行うのはきわめてむずかしい。しかし、むずかしいからこそ、それだけ素直な心が大切なのであり、その涵養《かんよう》、向上に努めなくてはならないのである。

それではどうすれば、素直な心を養い高めていくことができるのか。これはいろいろあろう。たとえば、戦国時代の武将には禅にいそしむ人が多かったと聞く。禅の修行というのは、自分の心のとらわれをなくそうとするものでもあり、それは素直な心に通ずるものがある。戦という一つの経営、それも文字どおり命をかけた最も真剣な経営にあたって、古《いにしえ》の武将たちはできるかぎりとらわれのない心で臨もうとし、そのために禅を通じてそういう心を養ったとも考えられる。

私自身はこういうことを考えている。それは、聞くところによると、碁というものは特別に先生について指導を受けたりしなくとも、およそ一万回打てば初段ぐらいの強さになれるのだという。だから素直な心になりたいということを強く心に願って、毎日をそういう気持ちで過ごせば、一万日すなわち約三十年で素直な心の初段にはなれるのではないかと考えるのである。初段ともなれば、一応事にあたってある程度素直な心が働き、そう大きな過ちをおかすことは避けられるようになるだろう、そう考えて、私自身は日々それを心がけ、また自分の言動を反省して、少しでも素直な心を養い高めていこうとしているのである。

そのように方法はみずから是と思われるものを求めたらよいわけだが、素直な心の涵養、向上ということ自体は、あらゆる経営者、さらには、すべての人が心がけていくべき、きわめて大切なものである。それなくして、経営の真の成功も、人生の真の幸せもあり得ないといってもいい。だから、素直な心に段位をつけられるものであれば、やはりお互いに初段ぐらいにはなることをめざしたい。そこまでいけば、これまでに述べてきたようなことも、おのずと体得され、生かされてくるといってよいであろう。素直な心こそ、あらゆる意味における経営を成功させる基本的な心のあり方なのである。

あとがき

実践経営哲学ということで、経営に関する私の考え方をいろいろな角度から述べました。ここに述べたことは、もとより学問的に考えたことではなく、あくまで私自身の経営の経験から身をもって感じてきたことです。そういう意味においては、理論的に見れば必ずしも適切でない面もあるかもしれませんが、実際の経営においては、基本的に間違いのない、かつ、きわめて大切なことばかりではないかと私自身は考えています。

つまり、このような考えを経営の基本において事業を進めていくことが、成功に結びつくものだと思います。それは私自身の体験なり、見聞からもそういうことがいえますし、結局、経営というものが本来そうすればうまくいくようにできているのではないかと思うのです。

ただ、ここで一つ大事なことがあります。それは、同じ経営理念であっても、それにもとづく具体的な経営のやり方は無限といってもいいほどあるということです。ですから、それぞれの経営者が自分の持ち味を生かしたやり方でやればいいのであって、決して画一的なやり方がいいというのではありません。そのようにそれぞれの人の持ち味を無視してみな同じようなやり方で経営をやっても、かえってうまくいかないものです。

私自身の経営についていえば、私どもの会社には多くの関連企業や事業部があって、その数だけ経営責任者である社長なり事業部長という人がいるわけです。同じ松下電器の関連企業や事業部なのですから、その基本となる経営理念は全部一緒です。それがバラバラであっては困ります。しかしその同じ経営理念のもとで展開される実際の経営というものは、それぞれの社長や事業部長の持ち味によって全部違っていいわけです。かりに社長や事業部長が五十人いれば、五十通りの経営法があっていいということであり、また現にそうなっています。

結局、人間というのは一人ひとり顔かたちが違うごとく、一人ひとりみな異なった持ち味をもっています。ですから、他人がうまくやっているからといって、自分もそのとおりのやり方をして、それでうまくいくかというと必ずしもそうではありません。自分には自分の持ち味に合ったいちばんいいやり方があるはずです。そういうものを生み出していくことが、成功につながっていく道でありましょう。

本書についても、そのような意味合いでお読みいただきたいと思う次第です。

この作品は、一九七八年六月にＰＨＰ研究所より刊行された。

ＰＨＰ文庫　実践経営哲学

2001年５月15日　第１版第１刷
2024年３月12日　第１版第32刷

著　　者　　松下幸之助
発行者　　永田貴之
発行所　　株式会社ＰＨＰ研究所
東京本部　〒135-8137 江東区豊洲5-6-52
ビジネス・教養出版部　☎03-3520-9617(編集)
普及部　☎03-3520-9630(販売)
京都本部　〒601-8411 京都市南区西九条北ノ内町11

PHP INTERFACE　https://www.php.co.jp/

制作協力
組　　版　　株式会社PHPエディターズ・グループ

印刷所
製本所　　図書印刷株式会社

ISBN978-4-569-57562-9